ISBN 3-219-11068-1
Alle Rechte vorbehalten
Umschlag und Illustrationen von Johann Kiefersauer
Gesetzt nach der neuen Rechtschreibung
Copyright © 2003 by Annette Betz Verlag
im Verlag Carl Ueberreuter, Wien – München
Printed in Austria
1 3 5 7 6 4 2

Annette Betz im Internet: www.annettebetz.com

Hermann Stange

Der Klabautermann
Eine wahre Geschichte

Mit Bildern von
Johann Kiefersauer

ANNETTE BETZ

Die Wiege der Wale   8

Wo ist Onkel Friedrich?   16

Hannes tritt auf   23

Die Fahrt auf der Maria Rose   29

Käpt'n Achs Goldmünze   35

Der Stöpsel zum Meer   41

Das Haus im Wasser   47

Die Wiege der Wale

Was ein Klabautermann ist? Das wusste niemand besser als mein Onkel Friedrich. Eigentlich war mein Onkel Friedrich Koch. Aber seine Küche war nicht zu Hause, er kochte auch nicht in einem Restaurant, sondern auf einem Schiff. Das ist viel schwieriger, denn so ein Schiff steht nie still. Ständig wackelt es und alles, was in der Küche ist, wackelt mit: die Teller, Töpfe und Pfannen. Man muss schon höllisch aufpassen, will man bloß ein Spiegelei zubereiten! Wenn Onkel Friedrich zu Besuch an Land war, stellte er sich bei meiner Mutter in die Küche und zeigte uns, wie man trotz Wanken ein Spiegelei braten kann.

»Passt mal auf«, sagte er dann und bewegte sich hin und her. Mal nach links, mal nach rechts, damit wir uns vorstellen konnten, wie das ist auf einem Schiff.

Als er fertig gekocht hatte und wir beim Essen saßen, erzählte Onkel Friedrich uns oft von seinen weiten Reisen übers Meer.

Bei einem dieser Besuche habe ich zum ersten Mal vom Klabautermann gehört. Onkel Friedrich zeigte gerade wieder vor, wie es in einer Schiffsküche zugehen kann, und mit einem Mal sagte er: »Ja, ja. Ihr könntet hier auch ganz gut einen Klabautermann vertragen.«

Natürlich habe ich sofort gefragt, was denn ein Klabautermann sei.
»Einen Klabauterman gibt es auf jedem guten Schiff. Die meisten können ihn nicht sehen, weil er unsichtbar ist«, sagte Onkel Friedrich.
»Ist er ein Geist?«, wollte ich wissen.
»So etwas Ähnliches«, brummte Onkel Friedrich.
»Aber du hast ihn gesehen?«
»O ja, ich hab ihn oft gesehen, Tom«, sagte Onkel Friedrich zufrieden.
Inzwischen weiß ich ja alles über Klabautermänner, was man über Klabautermänner wissen kann. Aber damals wusste ich gar nichts. Zum Beispiel wusste ich nicht, dass alle Klabautermänner weiße Haare haben und einen feuerroten Bart. Warum das so ist, wissen sie selber nicht. Eigentlich spielt es auch gar keine Rolle, weil sie ja meistens unsichtbar sind. Aber eben nur meistens, manchmal zeigen sie sich halt doch.
Den Seeleuten ist es aber lieber, wenn Klabautermänner unsichtbar bleiben. Falls sie nämlich zu sehen sind, so sagen die Seeleute, ist das Schiff in Gefahr. Zum Beispiel, wenn ein großer Sturm droht. Oder wenn das Schiff leck ist. Onkel Friedrich hat viele Stürme erlebt und hat jedes Mal kurz vorher den Klabautermann gesehen.

»Oha, nun wirds ungemütlich«, hat er dann gedacht. Denn er wusste, dass in seiner Küche an Spiegeleierbraten gar nicht mehr zu denken war. Bei einem richtigen Sturm schaukelte seine Küche so hin und her, dass er gerade mal heißen Tee kochen konnte.

»Dabei hat mir unser Klabautermann oft geholfen. Klabautermänner sind nämlich sehr nützlich in der Küche. Bevor er wieder unsichtbar wurde, hat er als Dank einen ordentlichen Schluck Rum gekriegt. Denn du musst wissen, alle Klabautermänner mögen hin und wieder mal einen Schluck Rum«, erzählte Onkel Friedrich.

»Aber was macht der Klabautermann, wenn schönstes Wetter herrscht? Bleibt er immer auf dem gleichen Schiff?«, habe ich damals gefragt.

Bei dieser Frage schaute Onkel Friedrich plötzlich finster: »Wenn der Klabautermann mal vom Schiff geht, ist es aus mit Mann und Maus. Dann geht das Schiff unter.« Aber was der Klabautermann sonst so macht, wusste Onkel Friedrich auch nicht.

»Hab ihn nie gefragt, ging mich ja nichts an.«

»Und dein Schiff? Und deine Küche? Sind die schon mal untergegangen?«

Onkel Friedrich holte tief Luft, aber meine Mutter sah ihn scharf an. Wahrscheinlich wollte sie nicht, dass Onkel Friedrich von untergehenden Schiffen und

Küchen erzählte. Onkel Friedrich schluckte. »Nö. Wir sind nie untergegangen.« Er schielte zu meiner Mutter. Die schaute immer noch streng. »Na ja, einmal – beinahe«, brummte er. Meine Mutter seufzte. Sie hatte es vermutlich bereits aufgegeben, ihn von diesen Geschichten abzuhalten. Onkel Friedrich holte wieder Luft: »Einmal waren wir unterwegs von Hamburg nach Hahiti. Ganz schön lange Reise. Mit zwei, drei Spiegeleiern kommst du da nicht aus, aber …«
»Onkel, wo liegt Hahiti?«, unterbrach ich ihn.
»Na, da«, sagte er und zeigte mit dem Finger auf den Teller meiner Mutter. »Und hier liegt Hamburg.« Er zeigte auf seinen Teller. Onkel Friedrich hatte Recht. Es war eine ganz schön lange Reise.
»Hat das Schiff sehr gewankt?«, wollte ich wissen.
Jetzt wurde Onkel Friedrich doch ein bisschen ärgerlich. »Tom, unterbrich mich nicht ständig, du wirst schon noch hören, wie wir beinahe untergegangen sind. Also, wir waren zwischen Hamburg und Hahiti. Der Kapitän hatte es eilig. Er fuhr und fuhr, geradewegs über die Wiege der Wale.«
Die Wiege der Wale … Onkel Friedrich wurde jetzt richtig feierlich:
»Das nennt man so, weil die Wale an diesen Platz schwimmen um zu schlafen. Dort liegen sie auf dem Meeresgrund, ganz dicht aneinander.

Und will sich so ein Wal einmal umdrehen, müssen das alle Wale tun. Alle auf einmal.« Der Onkel atmete tief aus. »Stell dir vor, Hunderte von dicken Walen drehen sich auf einmal von einer Seite auf die andere. Das gibt eine Welle, so groß wie ein Haus. Mindestens! Genau so eine Welle kam auf uns zu, zwischen Hamburg und Hahiti. Gerade, als wir vor der Wiege der Wale waren. Offenbar hatten sich die Viecher gerade rumgewälzt. Und dann«, die Stimme des Onkels wurde ganz leise, »dann hab ich ihn gesehen!«

»Den Klabautermann?«

»Ha! Er wollte sich eben von Bord machen!« Onkel Friedrich patschte mit der Hand auf den Tisch. »Stieg gerade ins Rettungsboot, als ich ihn zu sehen kriegte. Wenn er entwischt wäre, hätte uns die Welle umgeworfen. Das ist mal klar. Wenn der Klabautermann von Bord geht, ist es aus mit dem Schiff. Aber ich hab ihn drangekriegt!«

»Hast du ihn festgehalten?«

»Nein – das geht nicht. Auch wenn er sichtbar ist, kann man einen Klabautermann nicht angreifen. Aber ich weiß ja, was die Kerle mögen. Ich bin in die Küche, hab mir eine Flasche Rum gegriffen und – plopp! – den Korken rausgezogen. Na, der Klabautermann hat zuerst auf die Flasche geschaut, dann aufs

Ruderboot – der arme Kerl konnte sich nicht entscheiden. Inzwischen sind wir sanft wie ein Surfbrett die Welle hoch und wieder runter. Die Gefahr war vorbei und er ist geblieben.« Der Onkel schüttelte den Kopf. »Aber alle meine Eier waren zu Rührei zerschlagen! Könnt ihr euch das vorstellen?«
»Friedrich, wie wärs jetzt mal mit Abwaschen?«, fragte meine Mutter.
»Tja, für so was könntet ihr hier auch gut einen Klabautermann brauchen. Aber leider gehen Klabautermänner ja nie an Land.«
Da sollte Onkel Friedrich sich allerdings sehr geirrt haben …

Wo ist Onkel Friedrich?

Onkel Friedrich wurde älter und irgendwann kaufte er sich ein Haus am Meer. Wenn er aus dem Küchenfenster schaute, konnte er das Wasser sehen. In seiner Küche hatte er alles, was er brauchte: Töpfe, Pfannen, Teekessel und für die Spiegeleier hielt er sich ein paar Hühner, die ums Haus herumgackerten.

Ich habe dann lange nichts von Onkel Friedrich gehört. Aber eines Tages, viele Jahre später, musste ich plötzlich wieder an ihn denken. Es war Sommer, die Nächte waren warm, die Tage heiß, und bei mir in der Stadt wurde es ziemlich stickig. Also schrieb ich Onkel Friedrich einen Brief, dass ich kommen würde, kaufte mir eine Fahrkarte und fuhr einige Wochen später ans Meer. Der Ort, in dem Onkel Friedrich sein Haus hatte, war nicht sehr groß, aber dafür gab es dort einen langen Strand.

Sein Haus lag außerhalb des Ortes, zwischen Dünen. Als ich davor stand, dachte ich nur: »Du meine Güte!« Schön war es wirklich nicht, das Haus. Es war sogar ein wenig schief. Ich klopfte an die Tür. Nichts rührte sich. Ich rüttelte an der Türklinke – die Tür sprang auf. Onkel Friedrich hatte nicht einmal abgeschlossen!

»Schau ich mir das Haus halt schon mal allein an«, dachte ich.

Im Wohnzimmer stand ein großes Bett, ein Ledersessel und ein wackeliges Tischchen. Das war alles. Ich setzte mich auf das Bett. Es wippte heftig und die Sprungfedern quietschten im Chor. In der kleinen Küche war alles so, wie ich es mir vorgestellt hatte. Eine riesengroße Bratpfanne für Spiegeleier, Teller, eine Kanne für Tee, und man hatte wirklich einen schönen Blick aufs Meer.

Da stach mir ein kleines Schränkchen ins Auge: An ihm befand sich ein riesengroßes Hängeschloss. Neugierig rüttelte ich daran. Aber nichts zu machen: Das Schränkchen war fest verschlossen. Was konnte da drinnen sein? Ich stöberte in der Küche herum, schaute unters Bett, in alle Schubladen – aber nirgendwo ein Schlüssel.

»Komisch, Onkel Friedrich hat Geheimnisse«, dachte ich. Doch wichtiger war erst einmal: Wo steckte er? Und wo waren seine Hühner? Keines von ihnen gackerte ums Haus.

Ich ging in den Ort und fragte den Erstbesten, ob er vielleicht etwas von Onkel Friedrich gehört hatte. Und wirklich, er wusste Bescheid. So bekannt war mein Onkel also!

»Da fragen Sie einfach mal Erna Wiese«, sagte er. »Ihr gehört die Tag- und Nachtbar. Können Sie gar nicht verfehlen.«

Tatsächlich, kurz darauf war ich auch schon dort. Hinter dem Tresen stand eine nette, etwas rundliche Frau. Offenbar Erna Wiese.
»Tag, ich heiße Tom und suche meinen Onkel Friedrich«, sagte ich.
Erna Wiese starrte mich an. Im nächsten Moment kullerten ihr zwei dicke Tränen die Backen hinunter.
»Friedrich ist fort, seit einem Monat! Sogar seine Hühner hat er mitgenommen!«, schluchzte sie. »Erst vor einigen Tagen haben wir Post gekriegt. Ich glaub, es war auch ein Brief für Sie dabei. Ach ja, hier ist er.«
Neugierig nahm ich den Brief, setzte mich in eine Ecke und las, was Onkel Friedrich mir geschrieben hatte:
»Lieber Tom, ich bin von zu Hause fort. Es ging alles so schnell, dass ich dir nicht mehr Bescheid sagen konnte. Aber ich muss dir unbedingt erzählen, was passiert ist. Sag bitte Erna Wiese nichts davon. Sie ist eine gute Freundin, aber sie kann Klabautermänner nicht ausstehen. Ihr habe ich geschrieben, dass ich auf Geschäftsreise bin. Also: Neulich Nacht rumste es gewaltig vor meinem Haus. Ich schau aus dem Fenster und seh ein Schiff, das direkt auf meinen Strand aufgelaufen ist. Und wer, meinst du, ging von Bord? Nein, nicht der Klabautermann, sondern die komplette Mannschaft! Verschwand einfach in der Nacht!

Na, denke ich, schau ich mir den Kahn mal an. Schönes Schiff. Damit hätte man direkt nach Hahiti fahren können. Plötzlich räuspert sich jemand hinter mir. Ich dreh mich um – niemand zu sehen. So, so, denke ich, der zuständige Klabautermann. Ich stell mich also höflich vor und frage, was denn hier für ein Malheur passiert sei.

›Lausige Reise‹, knurrt der Klabautermann. ›Wollten von Hamburg über Hahiti zum Kap der Guten Laune. Aber kein Koch an Bord. Die ganze Zeit nur Hunger. Da hatte die Mannschaft die Nase voll. Ist einfach abgehauen.‹

Ich muss schon sagen, lieber Tom, es ist eine Schande, wie die Seeleute heutzutage behandelt werden. Kriegen nicht einmal mehr ein Spiegelei. Natürlich kenne ich das Kap der Guten Laune. Nette Gegend. Lauter fröhliche Leute. Ich bekam plötzlich Lust auf eine Reise in eine nette Gegend mit fröhlichen Leuten. Ich sagte: ›Wenn hier ein Koch fehlt – ich bin einer. Ein paar Hühner für Spiegeleier hab ich und auch die eine oder andere Flasche Rum. Nur, wie sollen wir ohne Mannschaft zum Kap der Guten Laune kommen?‹ Der Klabautermann schien angestrengt nachzudenken, denn es hörte sich an, als würde er heftig mit den Fingern auf dem Kajütentisch herumtrommeln. Aber der Kajütentisch stand

doch ganz woanders! ›Sag mal‹, fragte ich vorsichtig, ›gibt es hier noch einen Klabautermann?‹

›Ja‹, antwortete jemand neben mir. ›O ja‹, hörte ich eine Stimme vor mir sagen. ›Doch, doch‹, kam es vom Kajütentisch. Mir blieb die Spucke weg.

Ein Schiff voller Klabautermänner! ›Ja, ja‹, knurrte der erste Klabautermann. ›Alle haben sie hier angeheuert, damit die Mannschaft auch wirklich das Kap der Guten Laune erreicht.‹ Seitdem, lieber Tom, bin ich unterwegs zum Kap der Guten Laune. Mit einer Mannschaft aus lauter Klabautermännern. Wenn du möchtest, kannst du, bis ich zurück bin, in meinem Haus wohnen. Die Tür steht offen. Und sei nett zu Erna Wiese. Dein Onkel Friedrich.«

»Na«, dachte ich, »das will ich gerne tun.« Aber für heute hatte ich Aufregung genug. Erst einmal war mir nach Ruhe. Und nach einem langen, tiefen Schläfchen in Onkel Friedrichs Haus.

Hannes tritt auf

Aus dem Schläfchen sollte leider nichts werden. Kaum hatte ich das Wohnzimmer betreten, fiel mir auf, dass auf dem Bett etwas lag, das vorher nicht da gelegen hatte. Ein kleiner Schauer lief mir über den Rücken. Auf dem Bett lag ein Schlüssel! Es war der Schlüssel zu dem seltsamen Schränkchen in der Küche, das wusste ich sofort. Mit einem Mal war ich völlig wach. Wie, um Himmels willen, kam der Schlüssel auf das Bett? Wer hatte ihn dort hingelegt?

Und tatsächlich: Der Schlüssel passte in das Schloss und ich öffnete das Schränkchen. Und in dem Schränkchen war: Nichts. Nichts, außer einer leeren Flasche Rum. »Hm, was ist das denn für ein Unfug?«, dachte ich und sah mir die Flasche an. Bester Rum aus Jamaika. Noch etwas war seltsam: Auf der Flasche war überhaupt kein Staub.

Seit Wochen war doch niemand mehr im Haus gewesen. Ich setzte mich auf das quietschende Bett und dachte eine ganze Weile nach. Dann hatte ich einen Einfall.

Rasch lief ich in den Ort und kaufte zwei Flaschen Rum aus Jamaika. Mit den Flaschen unterm Arm marschierte ich wieder zurück und verstaute eine davon unterm Bett. Die andere stellte ich in das

kleine Schränkchen und ließ den Schlüssel stecken. Inzwischen stand der volle Mond am Himmel und leuchtete durch das Küchenfenster. Ich würde alles gut beobachten können. Dann legte ich mich auf das Bett und wartete. Und ich musste lange warten … Der Mond wanderte in die Ecke des Küchenfensters, einmal bellte ein Hund, ein anderer antwortete, danach war es wieder still.
Und da geschah es: Das Schranktürchen öffnete sich von selbst! Die Flasche Rum wurde herausgehoben, aber ich konnte keine Menschenseele entdecken. Im Kino habe ich so etwas schon oft gesehen, aber hier, mitten in der Nacht, fand ich es doch etwas beunruhigend. Jetzt wurde der Verschluss der Flasche abgeschraubt, die Flasche angehoben und ich hörte nur noch: »Gluck, gluck, gluck.« Die Flasche wurde wieder abgesetzt. »Haaaach«, machte jemand, dem es anscheinend ziemlich wohl zu Mute war. Wie ich im Mondlicht sehen konnte, war schon ein Viertel vom guten Jamaika-Rum ins Nichts verschwunden. Da hörte ich einen höllischen Rülpser. Ich traute meinen Ohren nicht! Wütend sprang ich vom Bett, machte einen Satz hinüber in die Küche und wollte die Flasche an mich reißen. Aber das war gar nicht so einfach! Was immer die Flasche auch festhielt, es hatte gewaltige Kräfte. Das Gerangel ging eine ganze Weile,

bis ich nicht mehr konnte und nachgab. Die andere Seite war offenbar auch erschöpft, denn die Flasche fiel auf den Boden, zersprang und der gute Rum quoll über den Küchenboden.
Einen Augenblick lang war es völlig still. Dann hörte ich ein leises, seltsames Geräusch. Erst konnte ich mir darauf überhaupt keinen Reim machen, doch plötzlich wurde mir klar: Jemand wimmerte. Schließlich wurde das Wimmern zu einem herzzerreißenden Geschluchze. Ich bekam Mitleid. Vorsichtig streckte ich meine Hand aus, aber ich griff ins Leere.
Jetzt kapierte ich. Jeder andere wäre sicher schon viel früher darauf gekommen! Kurz entschlossen ging ich zum Bett, zog die Flasche Rum hervor, holte ein Glas und stellte alles auf den Tisch.
»Bitte schön«, sagte ich und wies auf einen Stuhl: »Ein Gespräch unter Männern.«
Mir war klar geworden, dass der Rumdieb ein Klabautermann sein musste! Von denen hatte mir Onkel Friedrich schließlich genug erzählt. Aber was machte dieser Klabautermann in einem Haus?
Im nächsten Moment wurde der Stuhl gerückt, der Klabautermann griff nach der Flasche und schenkte sich ein. Ich fragte vorsichtig: »Wie heißt du?«
»Hannesch«, nuschelte der Klabautermann.

Offenbar meinte er: Hannes. Komischer Name für einen Klabautermann. »Hannesch«, nuschelte er noch einmal. Anscheinend konnte der Klabautermann nur noch mit Mühe richtig sprechen. Kein Wunder, schließlich hatte er schon eine halbe Flasche Rum gekippt.
»Biddde, darf ich bleiben?« Und nach einer kleinen Pause: »Bidddddde …«
Was sollte ich darauf sagen? »Warum bist du denn nicht auf dem Meer?«, fragte ich, so streng ich konnte. »Seekrank, habs versucht!«, murmelte Hannes. »Bidde, darf ich hier bleiben?«
Mit einem Mal stieg mir die Müdigkeit in die Beine und meine Augen wurden schwer. »Was soll ich bloß mit einem Klabautermann?«, dachte ich noch und dann sank mir der Kopf langsam auf den Tisch. Mein allerletzter Gedanke war: Morgen ist das alles nicht mehr wahr – seekranke Klabautermänner, Erna Wiese und Onkel Friedrichs ganzes Haus.

Die Fahrt auf der Maria Rose

Aber es war doch alles wahr. Denn als ich aufwachte, hörte ich ein dröhnendes Schnarchen. Es kam von meinem Bett. »Hannes!«, rief ich. »Bist du wach?«
Keine Antwort. Gerade überlegte ich, ob ich anstelle von Hannes, den ich ja nicht sah, nicht gleich das ganze Bett rütteln sollte, als es an der Tür klopfte.
»Tom! Ich bins, Frau Wiese!«, rief Erna Wiese.
Ich sprang sofort auf, um ihr die Tür aufzumachen, aber dann hörte ich ein lautes Ächzen vom Bett her. Ich sah hin und traute meinen Augen nicht! Da lag Hannes – und er war sichtbar geworden!
Trotzdem konnte ich nicht genau erkennen, wie er aussah, denn schon war er wieder verschwunden. Mit einem Sprung unters Bett. Es pochte wieder an der Tür.
»Ich bringe Brötchen!«, rief Erna Wiese.
Aber ich konnte mich nicht von der Stelle rühren, so verblüfft war ich. Warum war Hannes sichtbar geworden? Klabautermänner sind nie sichtbar, außer es droht große Gefahr. Aber es hatte doch bloß an der Tür geklopft!
Ob Hannes etwa Angst vor Erna Wiese hatte?
»Sag mal«, rief ich unters Bett, »kann es sein, dass du ein wenig ängstlich bist?«

Keine Antwort. Das Klopfen hatte aufgehört, anscheinend war Erna Wiese wieder zurück in die Bar gegangen. Ich schaute unters Bett. Es war niemand zu sehen. Kaum war Erna Wiese fort, war Hannes offensichtlich wieder mutig geworden. Und unsichtbar.
»Hannes, komm raus! Sonst hole ich Erna Wiese zurück!«, rief ich.
»Schon gut, komm ja schon«, nuschelte er.
Ich setzte mich wieder an den Tisch und sagte: »Du bist ulkig. Wenn Erna Wiese kommt, wirst du sichtbar und auf dem Wasser wird dir schlecht. Wie weit ging denn eigentlich deine erste Seereise?«
»Dreihundert Meter. Auf dem Schiff von Heinrich«, sagte Hannes ziemlich leise.
»Welchem Heinrich?«, fragte ich, verblüfft wegen der dreihundert Meter. Die paar Meter sind schließlich keine Reise, nicht einmal auf dem Land.
»Na ja, Heinrich eben«, brummte Hannes. »König Heinrich. Der Achte, glaube ich.«
Ich holte Luft. »Was war mit König Heinrich und warum nur dreihundert Meter? Jetzt erzähl endlich!«
Hannes schnüffelte. »Hm, so mit ganz trockenem Hals …«
»Na gut«, sagte ich, holte die Flasche Rum und goss Hannes einen Schluck ein. Er schlürfte und wurde auf der Stelle munter:

»Also, Heinrich war der soundsovielte König von England und sein schönstes Schiff hieß Maria Rose. Auf dem war mein Onkel Knut Klabautermann. Aber eines Tages hatte er es satt, weil Heinrich immer nur auf dem Meer herumfuhr und Krieg führen wollte. Er kam jedoch nie dazu. Er musste nämlich ständig jedem widersprechen. Wenn der Steuermann nach links wollte, wollte Heinrich nach rechts, und nach links wollte er nur, wenn der Steuermann rechts sagte.«

»Dass Heinrich nie zum Kriegführen kam, war Onkel Knut schon recht. Aber dass sie jahrelang immer bloß im Kreis gefahren sind, das fand Onkel Knut einfach langweilig. So musterte er ab. Und ich wurde sein Nachfolger. Tjaaa, das war meine erste Reise«, sagte Hannes in Gedanken versunken.

»Offenbar ziemlich kurz, diese Reise«, bemerkte ich.

»Aber schön war sie! Und Maria Rose war mit an Bord.«

»Wer? Eine Maria Rose auf der Maria Rose?«, fragte ich. Irrte ich mich oder wurde Hannes jetzt ein wenig verlegen?

»Heinrichs Schiff hieß nach Frau Maria Rose«, brummte er. »Ich glaube, sie war eine gute Bekannte von Heinrich. Und sie war sehr schön. Sehr, sehr schön. Sehr …«

»Ist ja schon gut«, sagte ich. Hannes sollte endlich weitererzählen. Und das tat er:
»Heinrich hatte viele Koffer. Alles musste er mitschleppen. Und dann kamen noch Maria Roses Koffer. Ein Koffer, in dem waren lauter verschiedene Nachthemden, noch ein Koffer mit lauter Zahnbürsten und das Schiff wurde immer schwerer. Schließlich kam das Wasser schon fast über die Reling. Dann sind wir losgefahren. Nach dreihundert Metern …«, Hannes zögerte, »… wurde mir schlecht und ich bin gegen einen Koffer gestoßen. Der Koffer sprang auf und alle Zahnbürsten kullerten übers Deck. Und Maria Rose ist wütend geworden.«
»Und dann?«, fragte ich vorsichtig. »Dann, habe ich wohl Angst gekriegt«, seufzte Hannes, »weil Maria Rose so wütend war. Und plötzlich wurde ich sichtbar und alle starrten mich an. Maria Rose hat gekreischt, der Steuermann hat vor Schreck das Ruder herumgerissen und das Schiff ist umgekippt. Mitten im Hafen. Nach dreihundert Metern.«
Wir schwiegen beide. Das war ja wirklich eine schöne Geschichte.

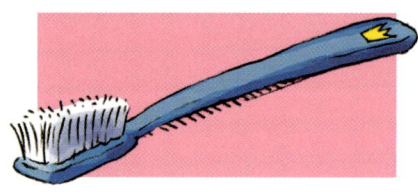

Käpt'n Achs Goldmünze

Nach all den Erzählungen bekam ich ziemlichen Hunger. »Schade, dass Onkel Heinrich seine Hühner mitgenommen hat«, seufzte ich.

»Wieso?«, kam es vom Bett. Anscheinend hatte es sich Hannes dort wieder bequem gemacht.

»Na, wegen der Eier. So eine Bratpfanne voll mit schön angebratenen Spiegeleiern …«
»Wenns weiter nichts ist«, erwiderte Hannes.

Kurze Zeit später hörte ich ein leises Knacken – ich traute meinen Augen nicht! Ich hatte mich ja nun schon an einiges gewöhnt, aber sechs Eier, die einfach durch die Wohnung schweben, das sieht wirklich merkwürdig aus.

»Hannes, wo hast du die Eier her?«, fragte ich so streng wie möglich.
»Unsichtbar sein hat auch sein Gutes. Nicht einmal die Hühner merken was«, sagte Hannes.

Langsam dämmerte mir, warum Erna Wiese keine Klabautermänner leiden konnte. »Lecker«, sagte ich, »sehr lecker.«

»Gluck, gluck, gluck«, sagte Hannes.
»Was: Gluck, gluck, gluck?«, fragte ich etwas verärgert. Ich wusste natürlich ganz genau, was das bedeuten sollte. Aber wenn das mit dem ›Gluck, gluck, gluck‹ so

weiterging, konnte ich mir gleich eine ganze Rumfabrik kaufen.

Aber ehrlich gesagt wollte ich erst einmal wissen, wie es mit Hannes' Reisen weitergegangen war. Und dazu musste ich ihn bei Laune halten. Ich holte also die Flasche Rum, goss ein und stellte das Glas dahin, wo Hannes wahrscheinlich seine Nase hatte. Hannes gluckste vergnügt.

»Also, nachdem die Maria Rose umgekippt ist – was ist dann passiert?«, fragte ich.

Es stellte sich heraus, dass die Sache mit König Heinrichs Schiff der Verwandtschaft von Hannes ziemlich peinlich gewesen war. Bloß, weil Frau Maria Rose wütend wurde, hatte Hannes Angst gekriegt! Auf allen Meeren hauten sich die Klabautermänner vor Lachen auf die Schenkel. Die Verwandten von Hannes schämten sich furchtbar und zur Strafe musste Hannes dreihundert Jahre lang auf einem Binnenschiff fahren. Solche Binnenschiffe fahren auf Flüssen, und zwar immer nur rauf und runter.

»Und dann?«, fragte ich.

Dann hat Hannes noch eine Chance gekriegt.

»Ausgerechnet auf dem Schiff von Käpt'n Ach«, maulte Hannes. »Käpt'n Ach war Walfänger. Aber keiner fuhr gerne mit ihm, weil er noch nie einen Wal gefangen hatte. Wollte er auch nicht, er wollte nur

einen ganz bestimmten Wal. Einen weißen.« Hannes seufzte. »Es gab einen weißen Wal. Aber nur einen einzigen. Jahrzehntelang hatte Käpt'n Ach ihn gesucht. Immer, wenn seine Leute einen Wal sahen und Meldung machten, stapfte Käpt'n Ach aus seiner Kajüte und knurrte: ›Ach! Wieder nichts! Weiterfahren!‹ Irgendwann hatte er dann Schwierigkeiten, Leute zu bekommen. Auch die Klabautermänner wollten nicht mehr auf Käpt'n Achs Schiff. Wer ist schon gern mit einem Schiff unterwegs, auf dem die Mannschaft ständig schlechte Laune hat? Ausgerechnet zu ihm haben sie mich geschickt. Und ausgerechnet auf meiner ersten Reise habe ich den weißen Wal gesehen.«
Mir blieb die Spucke weg. »Du hast den weißen Wal gesehen? Und habt ihr ihn gefangen?«
»Fast, aber es hat alles nichts genützt.« Hannes schwieg einen Moment.
»Käpt'n Ach hielt eine Rede«, erzählte Hannes weiter. »Er hat einen Hammer genommen und etwas an den Mast genagelt. ›Ach‹, sagte er dabei ein paarmal, weil er sich auf die Finger gehauen hatte. Als er fertig war, sahen wir endlich, was er angenagelt hatte: eine wunderschöne, riesengroße Goldmünze. ›Diese Münze gehört dem, der den weißen Wal entdeckt‹, knurrte er. Das war seine Rede. Danach ist er wieder unter Deck gestapft.«

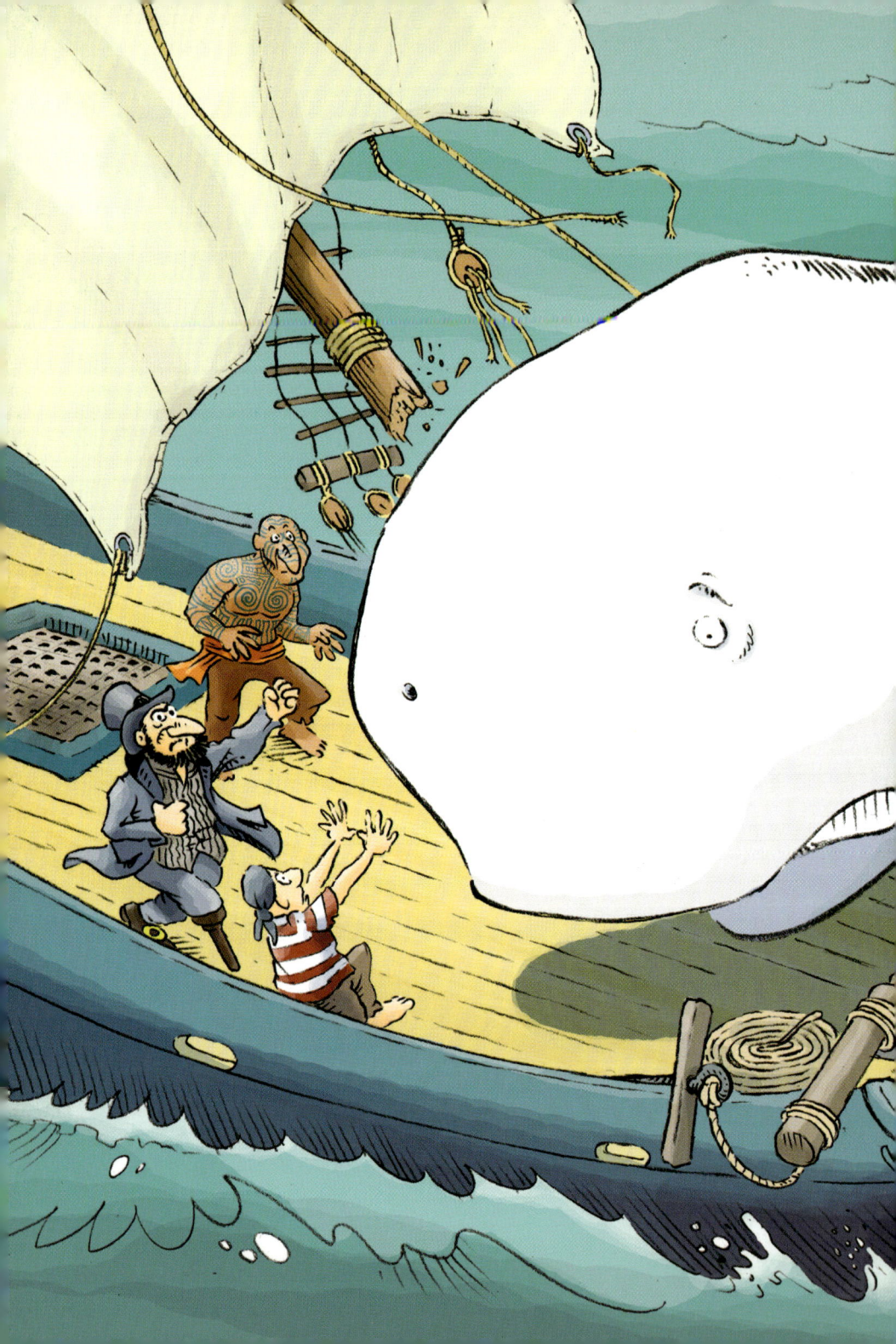

»Und ausgerechnet du hast ihn später gesehen?«, fragte ich.

»Ja, ja. Es war an einem wunderschönen Morgen. Alle waren noch unten in der Kajüte, bloß ich war an Deck. Plötzlich kam etwas Großes, Weißes aus dem Meer. Und da …«, sagte Hannes zögerlich, »da habe ich wohl einen Schreck gekriegt. Der Wal hat mich gesehen und ist auch erschrocken. Er hat einen riesigen Satz nach vorne gemacht, mitten auf das Schiff zu und dann …« Ich konnte es mir schon denken. »Umgekippt«, sagte ich.

»Genau. Käpt'n Ach und die ganze Mannschaft paddelten im Meer. Käpt'n Ach schaute auf die Maria Rose und knurrte nur: ›Ach! Wieder nichts!‹« Zum Glück ist damals ein Schiff vorbeigekommen und hat alle aus dem Wasser gefischt. Nur Hannes paddelte allein auf dem abgebrochenen Mast übers Meer. Aber am Mast war ja noch die Goldmünze dran. Und die sollte Hannes noch sehr weiterhelfen …

Der Stöpsel zum Meer

»Bis morgen!«, rief Erna Wiese beim Hinausgehen. Wie jeden Morgen hatte sie mir Brötchen gebracht. Draußen vor der Tür sah sie zum Himmel und meinte, dass es Sturm geben werde, ich solle bloß die Fensterläden schließen. Das versprach ich, obwohl mir der Himmel eigentlich wie immer vorkam. Mich beunruhigte nur, dass ich von Hannes seit ein paar Tagen kein Lebenszeichen mehr bekommen hatte.
Gerade wollte ich mich über die Brötchen hermachen, als sich jemand räusperte.
»Aha, Hannes ist wieder da«, dachte ich.
Dann fiepste er: »Ist sie weg?« Natürlich: Hannes lag mal wieder unterm Bett. »Das sage ich dir erst, wenn du mir erzählst, wo du so lange gewesen bist«, sagte ich. Für eine Weile hörte ich keinen Mucks. Dann murmelte Hannes: »Na ja, ich habe einen neuen Stöpsel geholt.«
Ich musste heftig schlucken. »Welcher Stöpsel?«, fragte ich. »Na«, sagte er. »Der Stöpsel zum Meer.«
»Das Meer hat einen Stöpsel?«, fragte ich völlig entgeistert.
»Klar«, brummte Hannes. »Und alle paar hundert Jahre muss man ihn auswechseln. Sonst tropfts.«

Gerade wollte ich mich weiter nach dem Stöpsel erkundigen, als es einen lauten Knall gab. Der Fensterladen war zugefallen. Ich lief zum Fenster und sah, was Erna Wiese bereits vorhergesagt hatte: Es gab Sturm und dunkle Wolken zogen auf.

Ich hörte Hannes jammern: »Aber ich bin noch gar nicht fertig damit, den Stöpsel auszuwechseln!«

Er hörte sich ängstlich an. Ich sah zum Tisch. Wurde Hannes schon wieder sichtbar? Nein. Offenbar war es noch nicht stürmisch genug.

»Hannes, erzähl mir doch endlich mal, warum du bei Onkel Friedrich wohnst«, versuchte ich ihn auf andere Gedanken zu bringen.

»Oooh, der Stöpsel!«, jammerte Hannes ohne auf mich zu hören.

»Ich helfe dir auch beim Auswechseln«, sagte ich, obwohl ich keine Ahnung hatte, wie man einen Stöpsel zum Meer auswechselt.

»Wirklich, du hilfst mir? Also gut! Nachdem ich mich damals auf den Mast gerettet hatte, paddelte ich übers Meer, so lange, bis ich hier an diesen Strand gespült wurde. Damals wohnte hier noch kein Mensch. Ich habe das Goldstück vom Mast genommen und hier vergraben. Viele Jahre später hörte ich, dass sich Onkel Friedrich ein Haus kaufen wollte«, sagte Hannes.

»Woher kanntest du denn Onkel Friedrich?«, fragte ich erstaunt.

»Aber Tom, alle Klabautermänner kennen ihn! Niemand kocht so leckere Spiegeleier und niemand kennt sich so gut mit Rum aus wie er!«

Wieder krachte ein Fensterladen zu. Irrte ich mich oder wurde Hannes nun doch ein ganz klein wenig sichtbar? Er sprach hastig weiter.

»Ich hatte es satt, auf Flüssen immer nur rauf und runter zu fahren, und da habe ich Onkel Friedrich das Goldstück gezeigt. Davon hat er dieses Haus gekauft und ich durfte bei ihm wohnen. Können wir jetzt den Stöpsel zum Meer auswechseln?«

Ich beschloss mich später nach weiteren Einzelheiten zu erkundigen, holte mir meine dicke Jacke und den Schal, zog mir Gummistiefel an und dann gingen wir vor die Tür.

»Wo ist denn der neue Stöpsel?«, fragte ich Hannes.

»Na hier«, sagte er. Offenbar hielt er ihn mir vor die Nase, aber genauso wenig, wie ich Hannes sah, konnte ich den Stöpsel sehen. »Natürlich ist er unsichtbar«, sagte ich mir. »Sonst könnte ihn ja jeder sehen.«

Der Wind wehte uns nun schon so mächtig um die Nase, dass wir uns gar nicht weiter unterhalten konnten. Hannes schien vor mir zu gehen, denn von

Zeit zu Zeit rief er, so laut er konnte: »Hier lang!« Und dann standen wir im Wasser, das zwar noch nicht sehr hoch war, aber wild im Sturm toste. Da hörte ich ein »Oh, oh!«, das sehr beunruhigend klang. Weil das Wasser immer höher stieg, machte ich mir langsam Sorgen. Bald würde es mir in die Stiefel schwappen.
»Hannes, was ist?«, fragte ich.
Und dann bekam ich einen furchtbaren Schreck: Hannes stand vor mir – deutlich sichtbar! Wenn ich nicht stocksteif dagestanden wäre, hätte ich sicher furchtbar lachen müssen: Hannes war ein ganz kleiner Klabautermann. Statt eines roten Bartes hatte er nur ein paar Bartstoppeln. Aber zum Lachen war auch gar keine Zeit: Schwapp! machte eine Welle und Hannes war wieder verschwunden. Untergegangen.
»Hannes!«, rief ich, aber da tauchte er schon wieder auf.
»Hab ihn! Bin draufgetreten«, prustete er und tauchte noch einmal unter, diesmal freiwillig.
Nachdem er den Stöpsel ausgetauscht hatte, stapften wir, so schnell wir konnten, zurück zum Haus und langsam wurde Hannes wieder unsichtbar.
»Immerhin«, dachte ich, »jetzt weiß ich, wo der Stöpsel ist.«

Das Haus im Wasser

Was für ein Sturm! Die Fensterläden ratterten und der Wind pfiff durch sämtliche Ritzen. Ich holte mir erst einmal ein großes Handtuch, zog die nassen Klamotten aus und begann mich abzurubbeln.
»Ich auch!«, rief Hannes und: »Hatschi!«
»Hannes, du hast dich doch nicht erkältet?«, fragte ich besorgt und gab ihm meinen Schal, den er sich gehorsam um den Hals wickelte. »Eigentlich keine schlechte Idee«, dachte ich. »Jetzt kann ich immer sehen, wo er gerade steckt.«
»Was war das?«, fiepste Hannes plötzlich nervös.
»Was denn?«, fragte ich.
»Draußen, da war was, ein Geräusch«, sagte Hannes. Dann rief er: »Ein Schiff! Da draußen ist ein Schiff!«
Ein Schiff? Was sollte bei diesem Sturm ein Schiff vor unserem Strand zu suchen haben? Es sei denn …
Aber das konnte nicht sein. Nun hörte ich es auch. Durch Sturm und Wind trötete eine Schiffssirene. Ich riss die Fensterläden auf. Tatsächlich! Vor dem Strand wankte ein Schiff auf den Wellen hin und her. Das sah gar nicht gut aus! Die Sirene hörte sich wie ein Hilferuf an. So verrückt kann nur einer sein: Onkel Friedrich!

»Hannes! Wir müssen den Stöpsel wieder rausziehen und das Wasser ablassen!«, rief ich.

Hannes sagte nichts. Für ein paar Sekunden wurde er deutlich sichtbar, so sehr schien er sich davor zu gruseln, noch einmal ins kalte Wasser tauchen zu müssen. Aber es half nichts. Hastig zog ich mir die Gummistiefel an, packte Hannes am Schal und zog ihn hinter mir her, hinaus in den Sturm. Ich wusste ja nun, wo sich der Stöpsel befand. Hannes jammerte gerade noch, doch im nächsten Moment war der Schal im Meer verschwunden. Wenig später tauchte er wieder auf.

Danach sank langsam, ganz langsam, das Wasser. Das Schiff wankte weniger und weniger, bis es schließlich ganz ruhig lag. Unter dem Schiff waren nur noch Sand und ein paar Wasserpfützen. »Tröööt« machte die Sirene ein letztes Mal. Vom Deck wurde eine Strickleiter herabgelassen.

»Tja, dann wollen wir mal«, sagte ich zu Hannes.

Wir kletterten die Strickleiter hoch und schon beim Klettern hatte ich so einen bekannten Geruch in der Nase. An Deck war niemand zu sehen, aber das war auch nicht nötig. Ich ahnte, woher der Duft kam: aus der Küche! Dort stand jemand und machte Spiegeleier.

»Tom, mein Junge! Und der Schal da ist wohl Hannes?«, rief Onkel Friedrich.

Der Schal schlotterte so, als stünde Hannes kurz vor einer Erkältung. »Onkel – Onkel Knut!«, stotterte Hannes.
»Ja, richtig, Onkel Knut«, kam es aus der Ecke.
»Natürlich«, dachte ich. Onkel Friedrich war ja mit einem Schiff voller Klabautermänner zum Kap der Guten Laune gefahren und offenbar war Hannes' Verwandtschaft mit an Bord.
»Friedrich hat mir schon erzählt, dass du dich in seinem Haus versteckt hast, nach all deinen Schiffbrüchen«, brummte Onkel Knut und brüllte dann: »Jungs! Seht mal, wer hier ist!«
Plötzlich trippelte und trappelte es um mich herum. Sämtliche Klabautermänner kamen in die Kajüte geeilt.
»Maria Rose!«, rief einer und ein anderer schrie: »Käpt'n Ach! Wieder nichts!«
Die ganze Klabautermeute gackerte und schlug sich auf die Schenkel vor Lachen über Hannes' Missgeschicke. Ich weiß nicht, ob Klabautermänner rot werden können, aber Hannes tat mir Leid.
»Schluss jetzt! Ich finde, ihr habt uns einen schönen Schrecken eingejagt mit eurem Schiff!«, rief ich.
»Stimmt«, sagte Onkel Friedrich und stellte die Bratpfanne beiseite. »Aber dafür haben wir euch auch etwas mitgebracht vom Kap der Guten Laune – Holz«,

sagte er, schubste einen Klabautermann vom Küchenstuhl und machte es sich bequem. »Die Reise war sehr schön. Aber dann hatten wir kein Geld mehr. Wie sollten wir zurückkommen? Also haben wir Spiegeleier gebraten. Das heißt, der alte Knut hat Spiegeleier gebraten. Und die Leute vom Kap der Guten Laune standen drum herum und haben sich kaputt gelacht über eine Bratpfanne, die in der Luft herumfuhrwerkt. So haben wir mehr Geld verdient, als wir brauchten. Da hab ich mir gedacht, vielleicht können wir Hannes und Erna Wiese helfen. Der Tag- und Nachtbar geht es nicht so gut und Hannes braucht endlich ein richtiges Zuhause. Ein Zuhause im Wasser. Deshalb habe ich Holz gekauft, aus dem wir ein Haus auf Stelzen bauen können. Mitten im Wasser. Da brät Hannes Spiegeleier und die Touristen zahlen für die Show.«

»Eine tolle Idee«, sagte ich gerade, als die Kombüsentür aufflog.

»Friedrich! Du alter Ausreißer!«, schrie jemand aufgeregt. In der Tür stand Erna Wiese.

Ich hatte einen furchtbaren Schreck bekommen, aber offenbar nicht nur ich. Auf einen Schlag waren sämtliche Klabautermänner sichtbar!

Ich entdeckte Onkel Knut und die anderen Klabautermänner: die langen Dünnen und die kleinen Dicken.

Nur von Hannes war nichts zu sehen. Dafür war er deutlich zu hören.

»Mann, seid ihr ängstlich, das ist doch nur Erna Wiese!«
Für einen Augenblick waren alle still.
Dann patschte Onkel Friedrich auf den Tisch und bekam einen richtigen Lachanfall. Ich brüllte ebenfalls los. Die Klabautermänner grinsten verlegen und wurden langsam wieder unsichtbar.
Wie es weiterging, brauche ich ja nicht zu erzählen. Onkel Friedrich holte eine Flasche Rum, erklärte Erna Wiese die Sache mit dem Pfahlhaus und die Klabautermänner sangen Lieder, die Erna Wiese natürlich nicht gefielen. Die Sache mit dem Haus jedoch, die gefiel ihr schon. Und so saßen wir die ganze Nacht lang auf dem Schiff, redeten, aßen Spiegeleier und freuten uns, dass die Geschichte für alle ausgegangen war, wie es sich gehört: mit einem ordentlichen *Ende*